깊어가는 시간

라온현대시인선 06 · 황영숙 시집

깊어가는 시간

인쇄 | 2025년 9월 25일
발행 | 2025년 9월 30일

글쓴이 | 황영숙
펴낸이 | 장호병
펴낸곳 | 북랜드
        04556 서울 중구 퇴계로41가길 11-6, JHS빌딩 501호
        41965 대구 중구 명륜로12길 64(남산동)
        전화 (02)732-4574, (053)252-9114
        팩스 (02)734-4574, (053)252-9334
        등록일 | 1999년 11월 11일
        등록번호 | 제13-615호
        홈페이지 | www.bookland.co.kr
        이-메일 | bookland@hanmail.net

책임편집 | 김인옥
기   획 | 전은경
교   열 | 서정랑

ⓒ 황영숙, 2025, Printed in Korea
저자와의 협의하에 인지를 생략합니다.

ISBN 979-11-7155-175-0 03810
ISBN 979-11-7155-176-7 05810 (e-book)

값 12,000원

대구문화예술진흥원
이 책은 대구문화예술진흥원 지원금으로 발간되었습니다.

라온현대시인선 06
깊어가는 시간

황영숙 시집

북랜드

| 시인의 말 |

때로는 느리게 때로는 빠르게
살아온 날들이
점점 깊어지고 있다
길을 잃어버린 것일까
나아가지도 못하고
돌아서지도 못하는 길 위에는
가끔씩 안개가 서성인다

2025년 가을
황영숙 드림

차례

- |시인의 말| 5

1

가을이 가고 있다 • 12
벚꽃을 위한 헌사 • 13
사라진 이름 • 14
초가 한 채 • 16
4月 • 17
등 • 18
로드 킬 • 20
그리운 주막 • 22
장마 • 23
달팽이의 길 • 24
꽃이 되는 세상 • 26
깊어가는 시간 • 28
입동 근처 • 30

2

멀고 먼 길 · 34
산수유와 생강나무 · 36
삶이 · 38
폐지 · 40
버티기 · 41
목련의 시간 · 42
죽음보다 언제나 따뜻한 삶 · 44
하현달 · 45
수련 · 46
가을 국화 · 48
결별 · 49
나비 · 50
무량사에서 · 52

3

끈적이는 시 · 56
암자에 들다 · 58
신분증 · 60
건널목 · 61
황장군 식당에서 · 62
바퀴벌레 · 64
거미줄에 갇히다 · 66
옛날 생각 · 68
안전지대 · 70
빚 · 72
너는 무엇을 꿈꾸는가 · 74
3月, 그리고 동백 · 76

4

나팔꽃 • 80
싹 • 81
사문진 • 82
비슬산 참꽃 • 83
축복처럼 기적처럼 • 84
벽을 향하여 • 86
터널 • 88
거미줄 • 89
변화 • 90
입안의 허공 • 91
수박 • 92
그대, 첫눈 • 93
담배 피우는 남자 • 94

| 해설 | 소멸에서 보는 우주적 감성
구석본 ⋯ 96

1/

가을이 가고 있다

직박구리의 울음소리를 들으며
가을이 지나가고 있다.

울지 않는 것들이 조용히 고개 숙이는 시간

마지막 남은 한마디 말처럼
모과 하나가 툭 떨어졌다

사랑을 잃은 자의 슬픔처럼
모과는 깊이 썩어 있었다.

한 생애가 지나간 것처럼
멀리서 들리던 기적소리가 사라진 것처럼
또 하나의 세상이
적막의 우주 속으로 걸어가고 있다.

벚꽃을 위한 헌사

꽃잎을 떨어뜨린 저 벚나무 온몸이 벌겋게 충혈되었다.

너는 울고 있구나

무한천공으로 끝없이 보낸 편지도
흩어진 지금
나는 네가 울고 있다는 소식을
바람에게 전한다.

어떻게 네가 피어났는가를
어떻게 사랑하게 되었는가를
바람은 기억할 것이다.

울지 말고 눈물을 닦아라.

짧았지만 너의 사랑은 아름다웠다고
마지막 남은 봄빛이 푸른 잎을 틔운다.

잘 가라 내 사랑
잃어버린 분홍 머리핀이여

사라진 이름

그리하여 그녀는 이곳으로 왔다.

시꺼먼 비닐봉지 몇 개가 침대 위에 놓이고 남루한
풍파를 견디며 걸어온 낡은 신발 대신 새로 산
슬리퍼가 침대 밑에 앉아 있다.

아직도 무수히 긴 이야기가 남아 있지만 모두 잊었다.

스스로 버리지 못했던 모든 것들도 사라져 갔다.

모든 것은 불문에 부쳐졌다.

이제 그녀를 통과해 간 시간은 전설도 역사도
되지 못한 채 빈 항아리처럼 뒹굴고 있다.

그러나 다만
물컹거리는 기억 속에서 헝클어진 머리칼을 감싸며
일어서는 이름 하나

아무도 불러주지 않아 사라진 이름
끝순이, 끝순이가 보고 싶다고 웃으며 울며 보채는

아, 지리멸렬한 삶이여

다시 그리움이 시작된, 다시 기다림이 시작된
지루하게 낡아가는 오두막집 하나

초가 한 채

그곳이 어디였던가

비탈밭이 줄줄이 목숨을 이어가는
언덕 위에 걸려 있던
초가 한 채

밤이면 아련한 등불 하나 밝혀
그래도 반짝이던
초가 한 채

서러운 한 사람이 저승길 가다가
쉬어 가는 곳인가?

끝내 너는 울지 않고
나만 울었지!

내 심연 속에 아직도 남아 있는 서러운
초가 한 채

4月

떠나지 못하고 남아 있는 것들은
너무 아픈가 보다.

온몸이 무너져 내릴 듯해도
견디는가 보다.

흉터투성이 수국의 꽃대는
새순이 일어서는 햇빛 속에서
아직도 상처의 그날을 기억하는가?

내가 너를 사랑한 것은
사랑이 아니었다고
쓰러져 있는 마른 가지를 밟으며
솟아오르는 잔인한 봄

모든 흔적을 지우려는 듯
오늘도 바람이 거세게 불었다.

등

우리는 한 번도 마주친 적이 없다.

모르는 사이도 아는 사이도 아닌
가깝고도 먼 거리

언제나 뒷소문에 관심이 없는 나를
소리 없이 감당해 내고도
내색하지 않는다

매일 앞만 보고 걷는 나를 끊임없이
용서했을지도 모른다.

뱃구레에 가득히 쌓이는 욕망으로
내 다리와 팔이 휘청거릴 때도 너는
두려워하지 않았다.

보이지 않는 힘으로 나를 밀고 가는
길고 긴 묵언들

〉
모든 것을 알고 있으면서도
결코 내 앞에 나서지 않는
완벽한 너의 침묵은 나를 지키는
든든한 믿음이 된다

로드 킬

고속도로 새벽길
지난 밤 로드킬을 당한 짐승 한 마리

아스팔트가 벌겋다.

일찍 일어난 산새 한 마리가 위험을 무릅쓰고
핏빛 주검을 바쁘게 쪼고 있다.

한때
하늘을 자유롭게 날아다니는
새가 되고 싶었고
초원을 달리는 순한 짐승이
되고 싶었지만
아직도 인간으로 남아

비로소 알게 되었다.

그들이 숨어 사는 이유는
도저히 용서할 수 없는 인간을 피해

착하게 살고 싶었기
때문일 것이다.

그들이 나를 보면 사력을 다해
도망가는 이유는
더 이상 나를 미워하고 싶지 않았기 때문일 것이다.

싸늘한 아스팔트 위에 두고 온
핏빛 죽음에게
나는 또 부끄러운 변명을 한다.

이 세상에 인간으로 와서
나는 너무 아팠다고
아직도 너무 아프다고

그리운 주막

문패도 번지수도 없는
주막에 가고 싶다.

궂은 비 내리는 그 밤이면
더욱더 좋겠다.

능수버들 흔들리는 창가에 앉아
차마 보내지 못하는 사람 하나 붙들고
같이 울며 지새우는 밤도
그곳에 가면 있겠지.

목메이는 이별주 따르고 또 따르며
길고 긴 맹세를 해 볼 수 있다면

기약 없는 맹세 앞에
밤비처럼 울던
그 사람이 보고 싶다.

내가 잊어버린 주막
그리운 주막

장마

낮게 흔들리던 구름이
내려앉으며
어둠보다 먼저 비가 내린다.

오랜 우울 속에 잠겨 있던
풍경들이
빗속에 젖어가고
베란다의 꽃들은 먼 야생의
숲속을 그리워하고 있는지도 모른다.

키 작은 나무들이
팔을 벌리고 있는
비 내리는 저녁

햇살을 데리고 떠난 새들은
지금쯤 어디를 날고 있을까?

닫힌 방 안에서
오래 잊었던 슬픔 하나
다시 비에 젖는다

달팽이의 길

마침내
나는 당신에게 갑니다

아무도 오지 않는 자갈밭 풀숲에서
당신을 기다리는 일이 지루해졌어요.
햇빛 찬란한 저세상을 숨어서

지켜보는 일이 두려워졌어요.
아무 데서나 풀썩이는 귀뚜리와
가래침 같은 나의 몰골이 문득 초라해졌어요.

자갈밭에 뒹굴어도 이승이 낫다는
당신의 말씀이 꽃잎처럼 날아오릅니다.

걷지도 뛰지도 날지도 못하는 나는
수없는 자갈밭을 뒹굴어
당신에게 갑니다

〉
첩첩이 먼 당신에게 가는 길은
아직도 아득합니다.

천 길 서러움의 길
이승의 나의 길은 하염없습니다.

꽃이 되는 세상

오늘도 벽걸이 TV에서는 하루 종일
포탄 소리가 요란하다.

슬픔이 슬픔을 껴안고 몸부림치고
살아있는 사람이 죽은 사람에게
살려 달라고 매달리고 있다.

이 지옥의 시간을 건너가면
그곳은 어디일까?

진화에 진화를 거듭해 온 우리는
정녕 인간의 모습을 잊어버린 것인가?

내 책갈피에 숨어있는
네잎클로버도 새파랗게 살아 있는데
내가 키우는 채송화도 아직 피고
구절초도 환하게 웃어 주는데

〉
어떤 비극도 어떤 고통도
꽃이 되는 세상을
만날 수는 없을까?

아,
눈물도 말라버린 그 누가
울지 않아도 목이 메인 그 누가

물끄러미 세상을 내려다본다.

깊어가는 시간

꽃이 지는구나!

어젯밤 새가 날아가고 바람이 불 때

나는 알았다.

모든 예감은 절정의 순간을 지날 때

다가온다.

고요한 흔들림이 손끝에 닿아

나도 같이 떨어지는

꽃잎이 되는가?

꽃이 진 빈자리

그곳에 앉아있던 적막한 향기가

〉
새롭게 빛나는 우주를 보고 있다.

시간의 흔적은 끝없이 흘러가는 것

그 깊은 시간 속에

한 잎의 내가

고요히 설레고 있다.

입동 근처

그렁그렁 산을 넘어가는 꽃잎을 보았네
오래전에 본 듯한 그 안개 같은
그림자를 보았네!
어느 강마을에는 젖은 소식들로
저녁연기 희미한데 잊으라 잊으라고
뻐꾸기 마지막 한마디 무너져 내린다.

슬퍼도 돌아가는 길을 가장 먼저 알고
제 몸 가장 아름다운 곳을
버릴 줄 아는 풀꽃이 진다.
사소한 생명 하나도 겸허하게 돌아가는
가을 햇빛 아래서 돌이킬 수 없는 시간은
벌판이 되어 쓰러져 있다.

이제 곧 철새가 날아오겠지.
가도 가도 내가 가지 못하는
그곳에서 소식을 물고 돌아오겠지.

〉
그리고 다시 눈이 올 거야
너무 멀리 와서 돌아가지 못하는
길 위에 시간은 소리 없이 쌓여 가겠지

구름의 시간보다 더 빨랐던
생멸의 나날이 꿈결처럼
저물어 가고 있다.

2/

멀고 먼 길

마을에 상여가 나가던 날
네 살배기 어린아이는 툇마루에
혼자 앉아 소꿉놀이를 하고 있었다.

깨진 사금파리 몇 개와 납작 돌 몇 개 위에
밥상을 차려놓은 아이의 눈망울이
유리알처럼 맑았다.

하루하루가 참으로 단순한 놀이에
지나지 않는 그 아이는 잠시 잠든 엄마의
얼굴을 가만히 쳐다보았을 뿐
아무것도 모른 채 타박타박 상여의
뒤를 따라갔다.
엄마를 따라갔다.

이제 가면 다시는 엄마를 만날 수 없다고
아무도 이야기해 줄 수 없었다.

〉
상여를 따라가는 그 길이 얼마나
멀고 먼 길인지 아무도 말해 줄 수 없었다.

산수유와 생강나무

시를 쓰지 않는 낯선 하루가 지나갔다.
그리고
시를 쓸 수 없는 두려운 오늘은 다시 왔다.

멀리서 봄이 오고 있다는 소식이 들리지만
한 그릇에 오천 원 하는 국숫집엔
끼 때가 되어도 손님은 오지 않고
온종일 촛불과 태극기만 흔들린다.

한 무리의 등산객들이 우르르 국숫집을
들어오더니 산에서 꺾어온 노란 꽃을 앞에 두고
산수유다, 생강나무다, 핏대를 올린다.

생강나무를 모르면 산수유가 되고
산수유를 모르면 생강나무가 되는
끝없이 흘러가는 이데올로기의 거품

태극기도 촛불도 들지 못한 나는
그냥 노란 꽃이라고 불러주고 싶다.

〉
아직도 설렁한 찬바람을 맞으며
팔순의 어머니는 장을 담그고
어머니의 발밑에는
어린 새순이 돋아나고 있다.

삶이

(삶이 그대를 속일지라도 슬퍼하거나 노하지 말라)

시인 줄도 모르고 이발소 나무 의자에 앉아
머리를 깎으며 보았던
'삶'이라는 글자를 나는 읽지 못했다.
겨우 초등학교에 입학한 어린아이가
쓰고 읽기엔 너무 어려운 글자였다.

푸른 유리 조각들이 무섭게 반짝이던
'삶'이라는 글자를 알았을 때는
좁은 어깨를 들썩이며
나는 자주 웃거나 울었다.

나는 이제 슬픔이나 분노는 삶이 거니는 모래밭이라고
적는다

고통이나 슬픔을 습관처럼 껴안고
어떤 곳에서도 답이 없는

불투명한 삶을 두고
시를 쓰는 밤

멀리서 다시 또 새벽이 오고 있다.
삶이 오고 있다.

폐지

골목 귀퉁이에 모여 있다가
비가 오면 잠시 웅크리다가
바람 불면 휘청 몸부림치다가
결국 리어카에 실려 가는 것들

너무 헐값이구나

우리가 알고 있는 진실도
우리가 꿈꾸던 정의도
우리가 기록한 역사도

모두 폐지가 되었다.

전신에 번져있는 얼룩이
시퍼렇게 살아 있는데도

세상은 그냥 버리는구나!
모른 체하는구나!

버티기

잎을 잃어버린 온몸이
바짝 말라붙었다.

속도가 몰고 온 돌풍이 지나갈 때마다
부르르 떨며 더욱더 달라붙는 습성

버티는 거야, 말라비틀어져도 나는 살아 있어

푸른 손금을 찍으며 가파른 절벽을 올라오던
그들은 모두 무사한가?

한 방울 눈물 같은 마지막 습기마저 버리고
알몸으로 버티는 거친 삶이여

우리는 다시 손잡을 수 있을까?

다시 한번 절망의 벽을 넘을 수 있을까?

고속도로 방음벽에 실낱같이 붙어있는
겨울 담쟁이

목련의 시간

목련이 지고 나니
세상이 텅 비었다.

봄이 봄 같지 않은 것들은
끼리끼리 모여 키득거리며 손뼉 친다.

아우성처럼 다시 피어나는 꽃들의 축제

무성 영화처럼 흩날리는 봄날의 시간

너무 일찍 떠난 영혼들의 독백처럼
봄이 흐른다.

시간의 뒤쪽은 대부분 움막처럼 낡아
지나가다 잠시 뒤적여 보는 것

만나고 싶던 사람을 우연히 만난 것처럼
잠시 손잡아 주고 떠난
목련의 시간

〉
잡으려 해도 잡히지 않는
아지랑이만 남아 있는 봄날의 한쪽이
텅 비어 있다.

죽음보다 언제나 따뜻한 삶

다시 너무 짧은 봄이 오고
오동꽃은 하늘을 향해 피고 있다.
어떤 중심에도 이를 수 없어 떠돌던 황사는
오늘 저녁 우리들의 밥상에 모래로 내려앉고
사람들은 꽃을 보고도 보지 못한다.

절벽을 쪼아 봄을 열어 주던 새 떼들이 날아간 자리엔
아직도 두근거리는 목숨이 남아 있는데, 사람들은
습관처럼 목숨을 이야기하지 않고 삶을 이야기한다.

오동꽃이 저렇게 떨어지고 있는데도
살아 있는 사람들은 떨어지는 목숨을 기억하지 않는다

죽음보다 언제나 따뜻한 삶

언제나 사람들은 삶을 이야기한다.

하현달

돌아가는 길이 쓸쓸하였던가?
힘없이 무너지는구나!

떨어질 절벽 위에 서 있어도
두려움 없던 청춘

뜨거운 숯불에 온몸을
씻었던 기억 하나로
세상을 용서하고 돌아가는 길

무너져 내리는 쪽달의 야윈 얼굴을
세상의 따뜻한 손들이
가만히 어루만지고 있다.

수련

가만히 머물러서 생각에 잠긴 호수 위에
수련,
앉아 있다.

뜨거운 칠월의 태양 아래 아직도 타지 못한
슬픔이 있었던가?
사랑이 있었던가?

더 이상 뜨겁지 않아도 될
너의 아름다움을 나는 꽃이라고
부르지 않겠다.
상처였다고

몸속 어딘가에 뿌리내린
완전한 사랑의 상처
그 상처의 뿌리를 물속 심연의
어느 부위에 내려놓아야만
저리 아름다울 수 있는가?

〉
온몸으로 절정의 수련을
올려놓은 호수는
꿈꾸듯 고요하다.

가을 국화

누가 자꾸 손짓한다.
어서 나와 보라고

약속도 하지 않았는데
누군가 기다릴 것 같은 저물녘

남아 있는 건 너 하나뿐이었다.

말라가는 풀더미를 껴안고
무너지듯 피어나는 한 소절의 노래

아직도 끝나지 않았다고
아직 기다리고 있다고

저물어 가는 산길에서
쓰러져 가는 들길에서
차마 발길 돌리지 못하고
서성이고 있다.

결별

그를 두고 혼자 왔다고

쓰러져 가는 돌담 밑에서

모란이 피고 있다.

견딜 수 없었던 형벌처럼

붉게 타오르는 상처의 봄날

사랑이 이토록 참혹하게 붉은 이유를

끝내 말하지 않은 채

모란이 지고 있다.

나비

이른 봄날
나비 한 마리 혼자 날아간다.

아직도 바람이 이리도 찬데
너는 세상이 두렵지도 않으냐

내일은 다시 비가 온다는데

어디서 왔는지 어디를 가는지 모르지만
여린 날개가 춤출 때마다
봄은 일어나서 같이 따라간다.

짧은 봄날 이슬 머금은 풀잎이나
꽃잎에 잠시 앉았다가 꽃 지면
떠나는 가이없는 생애

아직도 피어야 할 꽃이 남아 있는데
너는 어디로 가느냐?

〉
갈 곳이 어디인지 알고나 가나

늘어진 치맛자락에 적막이나 달고
어디까지 가나
나비

무량사에서

목숨을 셀 수 없고 지혜를 셀 수 없는 곳이
바로 극락이라는 극락정토
무량사에 들렀다.

세상의 티끌을 지우려는 듯
절집에 비가 오고 있다.

부처님께 인사도 안 드리고 불전에도 관심이 없이
절 마당에 피어있는 꽃 앞에서
사진이나 찍고 있는 나를
부처님은 그냥 바라보신다.

부처님께 기대어 드릴 기도가 나에게도 많지만
나는 매번 아무 말도 못 하고
그냥 돌아간다.

언제부턴가 나를 눈치챈 부처님도
아무 말씀 않으시고 웃기만 하신다.

〉
가여운 중생의 뒷모습을
바라만 보신다.

3

끈적이는 시

끈적하게 쓴다.

언제 써도 써야 하는 건데
쓰다 놀고 쓰다 자고 느리고 끈적거리는 것들
다 모아 놓고
이슬 한잔한다.

마침내 비가 온다.

가볼 곳이 많지만
날고뛰는 것들 다 무시하고
혼신의 힘으로 바닥을 긴다.

어디 가느냐고 묻지 마라
가지 않으면 안 되는
길이 있다.

비 갠 흙바닥에 온몸을
뒤틀다 말라버린 지렁이

〉
끈적이던 자국마다
유서처럼 남아 있는
지렁이의 시

암자에 들다

그해 그 여자를 산에 뿌렸다.

모진 생의 골짜기에 들어
머리채 잡힐 때마다 운명을 탄식하던
그 여자는 전생의 무엇이었을까

어느 조상이 어리석은 그녀를 볼모로
죄를 짓고 떠났는가?

늙기도 전에 낡고 낡아서
물에 젖은 종이 같던 여자

"나는 죽어서 다시 태어나면 스님이 될 거라요."

이승의 절망을 견디기 힘들어
저승에 희망을 걸어두던 여자

그녀는 정말 스님이 되었을까?

〉
깊은 골짜기의 길을 따라
멀리 떠난 혼이
울면서 지은 집

암자.

스님은 나에게
세상의 의문 같은
반질반질한 밤 몇 톨을
나무 쟁반에 담아 주었다.

신분증

구순을 훌쩍 넘기신 어머니
투표하신다.

모든 것 다 사라지고 마지막 남아 있는
필생의 징표 하나

쪼그라져 깊어진 몸속을
한참 헤매다 찾아내신다.

울음 같은, 물음 같은 뜨거운 덩어리가
저장된 어머니의 전 재산

아무도 뺏어가지 못한다.
아무도 가져가지 못한다.

건널목

건너편에서 설핏 당신이 나를 보았습니다.

나도 그 순간 세상의 가장 짧은 예감으로
당신을 알아보았습니다.

내가 당신을 본 것은 순간이었지만
기차가 지나가는 시간은 길었습니다.

기차가 지나가고 이미 당신 없는 건너편으로
와서 당신을 찾아보지만
그냥 떠 있는 낮달 하나
무심히 나를 내려다봅니다.

당신은 언제나 기차가 지나갈 때만
건널목에 서서 나를 기다립니다.

당신을 만나는 일은 늘 그러했습니다.

황장군 식당에서

  팔순의 노인 셋이 설렁탕을 먹는다
  명주 실타래같이 하얀 머리를 맞대고 콧물을 훌쩍이며
적막했던 허기를 달랜다.

  한때 장교 계급장을 달고 모인 여덟 명의 현역이
  떨어진 계급장처럼 하나, 둘 사라져 갔고 이제 겨우
세 명 남았다.

  가끔 고개 들어 콧물을 닦는 노인들의
  눈앞에 끝없이 변모하는 오늘의 뉴스가 곤두박질치지만
  노인들은 골똘히, 다만 먹을 뿐이다.

  이제 그들의 작전은 설렁탕 속에 떠도는 고깃덩어리를
건지는 것이다.
  헝클어진 머리칼 사이로 흐르는 땀을 닦으며
  그들이 주고받는 한숨 소리를 세상은 결코 듣지 못한다.
  들으려 하지 않는다

〉
위대한 장군이 없는, 살아있는 장군이 없는
죽은 고깃덩어리만 떠도는 황장군 식당에서

바퀴벌레

밤중에 일어나 물을 먹다 보게 된
바퀴벌레 한 마리
거꾸로 뒤집혀 혼자 버둥거린다.

어쩌다가 저렇게 뒤집힌 것일까?

한번 뒤집히면 다시 뒤집기가
어려운 바퀴벌레의 생리

천 길 낭떠러지를 기어 올라야
하는 것도 아닌, 뒤집기 한 번 더 하는 게
어려운 세상

바퀴가 없는 세상의 수많은 바퀴벌레는
언제 다시 또 저렇게
뒤집힐지 모른다.

쉼 없이 발길질을 해대는
저 몸부림을 허공이 껴안고 견디는 밤중

〉
한 개의 바퀴도 없는 너를 세상은
바퀴벌레라고 부른다.

거미줄에 갇히다

어떻게 여길 들어왔을까?
나보다 훨씬 많은 다리를 가지고 약삭빠르게
나를 따라온 이 절족충

잡아야지

어둠이 내려앉은 하오 퇴근 시간
도시의 중심부를 빠져나가며
거미와 나의 싸움은 시작됐다.
차가 서면 가만히 숨죽여 숨어있고
차가 움직이면 허공을 향해
재빨리 움직이는 약삭빠른 놈
절대로 나의 추격에 잡히지 않는다

저 거미줄에 걸린 벌레처럼 더 이상
가지 못하는 차들

그 안에 갇힌 사람들

〉
거미는 더욱더 재빠르게 거미줄을 치고 있다.
나는 이제 거미 잡기를 포기하고
물끄러미 거미를 바라보고 있다.
곧 나를 향해 다가올
거미를 두려워하면서 지금
내가 할 수 있는 일은
빨간 비상등을 켜는 일이다.

옛날 생각

역이 있는 파출소 앞에 여섯 살 아이를
세워두고 내가 올 때까지
여기서 기다리라고 했다.

해가 기울고 저녁 어스름이 다가와도
멀리서 어둠처럼 올 것 같던 오지 않는
한 사람을 기다리던 아이

역전 앞 빈 공터에서 공기놀이를 하다가
기차가 지나가면
오래오래 손을 흔들며 서 있던 아이

서러운 저녁 어스름을
수없이 견뎌야 했던 아이

꼭 데리러 온다던 약속은
안개 자욱한 준령을 넘어
지금쯤 어디에서 헤매고 있을까?

〉
기다림도 약속도 지치고 지쳐
흔적 없이 사라진 지금

떠나간 것들은 돌아오지 않고
낡은 역 마당엔 팬지꽃 몇 송이
저희들끼리 철없이 놀고 있다.

안전지대

가난이 버짐처럼 번져있는
변두리 골목길 시멘트 담벼락에
오래전부터 길게 금이 나 있다.

그곳을 지날 때마다 조마조마한 것은
그 담벼락 곁에서 아이들이 놀고 있다.

언제 무너질지 모르는 담벼락과
아이들은 오늘 하루도 무사했다.

봄이 되면 금 간 담벼락 사이 사이를
비집고 자잘한 풀들이 소름처럼
돋아난다.

아,
어디에서 어떻게 살아야 하는지도
모른 채
삶은 일어선다.

〉
위태롭지만 두려운 안전지대
우리들은 모두 이곳에 살고 있다.

빚

봄이 되면 산 벚꽃이 하얗게
마당에 내려앉고
윤사월 내내 감자꽃이 피는
산골 마을에 내 친구가 산다.

오는 이도 없고, 가는 이도 없는
세월만 그냥 왔다 가는 산골에 남아
사립을 매단 돌담에 우편함을
매달고 기다리는 친구가 있다.

농협에 진 빚이 이자가 늘어서 하는 수 없이
어린 송아지를 팔던 날
어미 소가 하루 종일 울음을 그치지 않아
외양간 등걸에 기대어
같이 우는 친구가 있다.

이도 저도 모르고 그냥저냥 사는 나는
아,
그 깊은 산골 구석에서도

빛은 살아 있구나

달도 뜨지 않는 그믐밤
달맞이꽃처럼 기진해 있을
친구를 생각하면

나도 오늘 밤은 잠이 오지 않는다

너는 무엇을 꿈꾸는가

여기저기 집 나온 아이처럼
이 집 저 집 배고픈 아이처럼 기웃댈 때도
그냥 보고만 있었는데

언제부턴가
비좁은 보도블록까지 파헤치고
차 한 대 겨우 지나가는 변두리 골목길에도 살아남아
태연스레 웃고 있다.

때로는 밟히고 때로는 무시당해도
세상이 내 것인 양 쉬지 않고 핀다

사랑하기엔 너무 짧은 봄

너는 무엇을 꿈꾸는가?

나는 너의 생이 위태롭다고 말하지 않는다

〉
너는 번개의 유혹에도 천둥의 위협에도
두려워하지 마라

아직도 봄은 저곳에 있다.

피어라 민들레
웃어라 민들레

3月, 그리고 동백

선운사 동백은 보았네! 못 보았네!
말이 많았다.
허름한 식당, 한 무리의 술꾼들이
동백은 지는 것이냐, 떨어지는 것이냐로
다시 술판이 떠들썩하다.

불 꺼진 연탄난로 옆 플라스틱 화분에
누추하게 피고 있던 동백 한 그루
발딱 일어나 술판에 끼어든다.

보아놓고도 안 보았다고 하는
사내놈도 많은데 내가 지거나 떨어지거나
그게 그거지
별로 중요하지도 않은 뽕짝 논리는 치우고
소주나 한잔 쳐봐

소주 한 병에 그대로 피어버린
알딸딸한 꽃잎이
이 술잔 저 술잔에 쓰러지듯 안긴다.

〉
온 것도 아니고 안 온 것도 아닌 봄이
내 시린 등골 한번
만지기도 전에 거센 바람에
낚아채인 나를 네들이 아느냐고
그리움에 지쳐서 울다 지친
동백꽃 사연을 노래로만 떠벌리지 말고
멍든 내 가슴 한번 파헤쳐 보라고
마지막 가진 옹골찬 자존심도 버리고
빨갛게 동백은 쓰러지고 마는데

어디서 흘러온 달빛인가?
쓰러진 동백의 밤을 만지고 또 만지는
아직도 설렁한 냉골의 3月

나팔꽃

길 없는 곳에서 길을 향해 가는
너의 여린 손에는
언제나 새파랗게 창백한 나팔이 있었다.

저세상 어딘가에서
누군가 소리 없이 울 때
너도 나팔 소리를 내며
같이 울고 싶었을까?

길이 아닌 길을 걸으며
두려움을 견디지 못할 때
하늘을 향해 소리 없이 나팔을 불었을까?

가늘게 이어지는 목숨
그 먼 길에서 작은 나팔 소리 하나로
당신을 깨우고 있다.

가난한 오두막집 담장 위에서
세상을 지키고 있다.

싹

떠났다 돌아오니 베란다에 그냥 두고
갔던 양파와 감자에서
새파랗게 싹이 돋았다.

저 움트는 운명 같은 생명이 캄캄한 비닐봉지를
환하게 열었다.

같이 자고 자랄 때 손잡고
같이 걸었을 초록 목숨

시커먼 비닐봉지 안에서도
사랑은 자라고 있었다.

사문진

오래전부터 가보고 싶어 했던 강 마을이 거기 있었다.

희망이나 절망의 한복판을 묵묵히 걸어가던 사람들이
허물없이 하루를 쉬어 가는 곳

주막에서 마시는 막걸리 한 사발과 국수 한 그릇
나눠 마시는 소박한 행복을 나누는 곳

사문진은 언제나 사람들의 냄새가 가득하다.

울지 않아도 흐르는 눈물처럼
강은 그냥 흘러가지만
오래 보고 싶어 했던 사람 하나
강을 건너 돌아올 거 같은 그리움이 있다.

해가 지면 나룻배가 노을을 가득 싣고
달을 기다리는 곳

나는 오늘도 사문진에 가고 싶다.

비슬산 참꽃

다시 또 이곳에 참꽃이 피었다니

산비탈의 돌풍 속에 모두 살아남았다니

세상이 이렇게 기울어져 가는데도
순간을 떠도는 봄 햇살을 껴안고
온 산을 뒹굴며 붉게 붉게 피어나는
황홀한 생명이여

남루한 목숨도
설운 가난도
오늘은 다시 화려해지느니
우리는 다시 살아보고 싶어지니

피어라 꽃이여
비슬산 참꽃이여

축복처럼 기적처럼

눈이 오네
눈이 온다는 건
하늘에서 거룩한 손이 잠시 내려와 두통에 시달리는
세상을 슬쩍 만져주는 것 같네!

부스럼투성이의 내 몸을 하얗게 덮어 주는 것 같네!

사랑을 말하고 순간에 돌아서 버리는 사람처럼
금방 녹아 없어질 것이지만
눈이 온다는 건 축복이야.

곧 괜찮아질 거야
그만 자거라

보이지 않는 어머니의 손이 나를 다독이는 건
기적이야

보이지 않는 것을 본다는 건
기적이 맞는 거지?

〉
사막에 나비가 날아다닌다고 친구가 말해 줬어
순간
신비한 축복이 우리를 껴안고 환해졌지!

어떤 곳이든 날아야 하는 나비와
나를 포기하지 않는 어머니를 위해
기적과 축복을 생각하는 오늘

멀리서 눈이 오네
눈물처럼 오네

벽을 향하여

걷는다, 뛴다.

어디로 가는 것인가?

이정표가 없는 길은 끝없이 나타난다.

보이는 것은 벽, 벽뿐이다.

벽을 향해 끊임없이 뛰고 걷지만
여전히 벽을 극복하지 못하고
갇혀 있는 행보

그러나 멈출 수 없다.

이곳에 길이 있으므로

꽃잎 날리는 화려한 가로수 길도 아니고
그대와 걷는 호젓한 오솔길도 아닌

〉
벽이 나를 보고 내가 벽을 보고 달리는 길

나의 러닝머신이여

이 절대 고독의 길 위에서
나는 멈출 수 없다.

터널

산을 버리고 비탈을 버리고
나무들의 아우성도 삼켜버린
터널이 입을 벌리고 있다.

무엇을 더 먹을 것인가?

캄캄한 입은 속도를 가늠하고 있다.

이미 삼켜버린 어제는 잊은 지 오래되었는지
아무것도 보여주지 않는다

수없는 생의 능선을 굽이쳐야
통과할 수 있는 우리들의 등뼈

터널의 어둠은 여전한데
어둠을 너무 쉽게 통과하는 시간

사람들은 블랙홀의 두려움을
잊어버렸는가

거미줄

이카다가 산 입에 거미줄 치는 것 아이가?!
코로나 때보다 더 장사가 안된다며
은행에 대출을 신청하러 갔다가
거절당한 박 사장의 말에
국밥집 김 사장은 그런 소리 마래이
거미 지는 꾀 없나?
빚만 껴안고 있는 우리들 입에
뭐 묵을 꺼 있다고 거미줄을 치겠노

기다려 봐라.

우리들 입에 거미줄은 못 친다.

만약에 거미줄을 친다면 묵을 거도 없는
우리가 거미줄이라도 뜯어 먹고
살아야지

암, 그거라도 먹고 일어서야지

변화

베란다 창가로 내려앉은 바람이
어쩐지 수상하다.

봄이 그 비밀을 제일 먼저 바람에
알려 주었을까?

휑하니 지나간 바람이 남긴
공간 사이로 수많은 가슴으로
다스려 가는 세상

千手의 사람들이 길러내는 무수한 생명들

그리하여
계절은 다시 바뀌고
역사는 다시 세워진다.

봄의 비밀을 미리 알아낸
어제와 다른 바람이 분다고
봄이 오는 것은 아니다.

입안의 허공

어금니를 빼고 생긴 나의 버릇은
혀로 어금니가 빠진 잇몸을 누르는 것이다.

하고 싶은 말이 있거나 해서는 안 되는 말을
참을 때 내 혀는 그곳으로 숨어 들어간다.
세상이 나를 긴장시킬 때, 두려움을 이기는
유일한 방법도 입안에서 이루어진다.

거짓을 말하고 싶을 때도, 남겨 두어야 할
마지막 한마디를 하고 싶을 때도
내 혀는 그곳을 찾아 깊숙이 숨어 버린다.

세상의 비탈이 힘들어 뛰어내리고 싶을 때도
입안의 허공은 유일한 안식처다.
아무도 모르는 입안의 만다라
나는 임플란트를 포기하고 있다.

수박

자잘한 식솔들 다 뿌리치고 잘난 척
둥그렇게 자란 머리통

머리통 하나가 전부인 듯 우쭐거리며
트럭에 실려 세상에 나왔다.

달고 시원하다고 트럭의 사내는 침을 튀기고
머리통 속이 궁금한 손가락들이
통통거리며 정말 그러냐고, 알 수 없다고
잘라봐야 알겠다고 힐끗거린다.

처음 세상에 나온 머리만 커다란
어룽거리는 것들
한여름 땡볕에 시들시들 속이 곯아가고 있다.

언제 먹힐지 버려질지도 모르는
햇빛 찬란한 그곳에서

그대, 첫눈

누구의 맑은 그리움이 하늘에 닿아
저리 고운 깃털로
반짝이는가

섬섬옥수 고운 자태
올올이 풀어 황량한 들판을
찾아온 그대는
내가 잊었던 착하디착한
순례자의 혼

그대가 그리는 순백의 수채화에
나는 조용히 수혈되고 싶다.

담배 피우는 남자

뽀얗게 먼지가 쌓인
시골 길가의 구멍가게나
불빛 환한 편의점에서도
값싼 사랑을 조급하게 구걸하듯
그는 담배를 산다.

새 담뱃갑을 뜯는
그의 옆모습은
장난감을 만지는 천진한
소년 같다.

뿌연 연기 속으로
한때는 장미를 생각하기도 했지만
어제는 다르게
한쪽으로만 흐르는 물결을
보는 듯했다.

오랜 흡연으로 목에 화상을 입은
그는 오늘 저녁

조용히 창밖을 보고 있다.

담배 연기에 가려서 잘 보이지 않는
먼 곳을 보고 있는
그의 눈이 점점 흐리고 있다.

이제 그의 곁에는
아무도 없는 것일까?

건강을 생각한 그의 친구들은
모두 담배를 끊어버렸고
담배 냄새가 싫은 그의
애인도 떠나버린 듯하다.

외로워서 더욱더 아름다워진
담배 피우는 남자
나는 그를 사랑한다.

소멸에서 보는 우주적 감성

구석본 | 시인

 황영숙 시인과 필자와는 오랜 인연을 맺고 있다. 40년 넘은 인연이 지속되고 있다. 그런 인연으로 이번 시집, 『깊어가는 시간』의 해설을 쓰게 되었다. 그러기에 기껍기도 하지만 조심스럽기도 하다.

 1. 소멸, 그 다음의 세계

 황영숙 시인의 시집『깊어가는 시간』에 수록된 51편 중, 많은 詩들이 소멸의 세계를 보여 주고 있다. 황영숙 시인의 시에 나타나는 소멸의 세계는 無, 空의 세계가 아니라 다음 세계의 시작, 새로운 우주의 열림으로 나타난다.

  꽃이 지는구나!

  어젯밤 새가 날아가고 바람이 불 때

나는 알았다.

모든 예감은 절정의 순간을 지날 때

다가온다.

고요한 흔들림이 손끝에 닿아

나도 같이 떨어지는

꽃잎이 되는가?

꽃이 진 빈자리

그곳에 앉아있던 적막한 향기가

새롭게 빛나는 우주를 보고 있다.

시간의 흔적은 끝없이 흘러가는 것

그 깊은 시간 속에

한 잎의 내가

고요히 설레고 있다.

-「깊어가는 시간」 전문

  시, 「깊어가는 시간」은 시집 제목의 작품이다. 그만큼 시인에게 있어 특별한 시이기도 할 것이다. 필자도 인상 깊게 읽은 시이다.
  「깊어가는 시간」에 나타나는 시간은 보편적 개념에서

벗어난 시간이다. 시간은 공간과 대조적이다. 공간은 감각적으로 인지할 수 있으며 고정되어 있다. 그러나 시간은 감각적으로 인지할 수 없는 관념적이면서 끊임없이 흐른다. 하나의 형태로 나타나는 것이 아니라 변한다는 것이다. 또한 흘러간 시간은 돌이킬 수 없이 사라진다.

그런데 시, 「깊어가는 시간」의 시간은 이런 보편적 개념에서 벗어나 흐르지 않고 정지되어 있다. 흘러서 사라지는 것이 아니라 깊어가는 것이다. 공간과 같은 개념으로 나타나고 있다.

이 시의 첫 행, "꽃이 지는구나!"에서 들리는 어조는 나지막하다. 그 나지막한 어조가 오히려 강렬하게 들린다. 그리고 완결된 한 문장이면서 의미상 하나의 단어처럼 쓰여 감탄사처럼 들리기도 한다. 이로써 첫 행, "꽃이 지는구나!"는 읽는 이의 시선을 사로잡는다.

시인은 '꽃이 지는구나'를 다시 "모든 예감은 절정의 순간을 지날 때"로 변주하고 있다. '절정의 순간'인 것이다. 이 '절정의 순간'이 흘러가는 한순간이 아니라 공간처럼 깊어가는 것이다. 그래서 '절정의 순간'이 "고요한 흔들림이" 되어 "손끝에 닿"기까지 한다. 즉 '절정의 순간'이라는 순간적인 시간이 촉각적으로 감지되는 것이다. 동시에 관념적인 '절정의 순간'이 구체성을 얻는다. 그리고 그 절정의 순간은 "나도 같이 떨어지는// 꽃잎이 되는" 나를 보는 순간으로 변주되는 것이다. '참나'를 발견하는 순간이다. 그 순간이 '절정의 순간'이며 동시에 '깊어가는 시간'이다.

시, 「깊어가는 시간」이 가지는 끌어당기는 힘은 인용하는 다음 행에서 보여 주는 반전에도 있다.

> 꽃이 진 빈자리
>
> 그곳에 앉아있던 적막한 향기가
>
> 새롭게 빛나는 우주를 보고 있다.

꽃이 지고 난 다음의 빈자리는 당연히 空으로 나타나기 마련이다. 더욱이 "나도 같이 떨어지는// 꽃잎이 되는가?"와 결합할 때 空의 '절정의 순간'으로 나타나야 하지 않겠는가. 그런데 이 시에서는 "꽃이 진 빈자리"에는 공의 '절정의 순간'이 아니라 그 빈자리에 다른 존재인 '적막한 향기'가 등장하고 그 향기가 "새롭게 빛나는 우주를 보고 있"는 것이다.

황영숙 시인은 소멸 이후의 빈자리에서 또 다른 우주를 보고 있는 것이다. 이런 반전이 이 시의 절정을 이루고 있다. '깊어가는 시간'의 세계인 것이다.

시인은 "그 깊은 시간 속에// 한 잎의 내가// 고요히 설레고 있"는 '나'를 보고 있는 것이다. 소멸 앞에서 시인은 시안詩眼을 뜨고 "새롭게 빛나는 우주를 보"는 것이다. 동시에 우주 안의 또 다른 '나'를 보게 되는 것이다.

직박구리의 울음소리를 들으며
가을이 지나가고 있다.

울지 않는 것들이 조용히 고개 숙이는 시간

마지막 남은 한마디 말처럼
모과 하나가 툭 떨어졌다

사랑을 잃은 자의 슬픔처럼
모과는 깊이 썩어 있었다.

한 생애가 지나간 것처럼
멀리서 들리던 기적소리가 사라진 것처럼
또 하나의 세상이
적막의 우주 속으로 걸어가고 있다.

- 「가을이 가고 있다」 전문

  시, 「가을이 가고 있다」에 나타나고 있는 '가을'은 선입견을 가지고 읽으면 진부하다는 생각이 들 수 있다. '가을이 가고 있다'라는 제목, '가을'이 주어이며 '가고 있다'가 서술어다. 이와 같은 구조의 문장에서 가을이 가지는 이미지는 '소멸'과 바로 연결이 되기 때문이다.
  그런데 황영숙 시인은 '가을이 지나가고 있는 것'을 '직박구리의 울음소리'와 연결하고 있다. 울음소리는 말씀 이전의 말씀이다. "태초에 말씀이 계시니라 이 말씀이 하나님과 함께 계셨으니 이 말씀은 곧 하나님이라"를 인간화한다면 '태초에 울음소리가 있었나니'로 '울음소리 곧 인간이니라'고 변용할 수 있을 것이다.

   말로 표현할 수 없는 극도의 감정, 희로애락은 울음소리로 나타난다. '울음소리'는 말씀 이전의 말씀인 것이다. 그리고 생명 탄생의 소리이기도 하다. '직박구리 울음소리'를 들으며 지나가는 가을은 소멸이 아니라 새로운 우주로 나아가는 것이다. 그러므로 이때의 '울음소리'는 새로운 우주 열림의 소리다.

> 직박구리의 울음소리를 들으며
> 가을이 지나가고 있다.

   이 시를 더 깊이 들여다보자. 인용한 첫 연을 보면 '가을이 지나가고 있'는 것을 '직박구리 울음소리'와 결합하여 청각적 이미지로 환치하고 있다. 그리하여 관념적 표현에 그칠 수 있었던 것을 구체화하는 시적 효과를 얻으며 가을의 소멸은 또 다른 세계로 나아가는 길임을 암시하는 것이다. 그리고 "울지 않는 것들"을 배치하여 또 다른 가을, 즉 "조용히 고개 숙이는 시간"이라 하여 저무는 가을을 배경으로 그려내고 있다.

"마지막 남은 한마디 말처럼/ 모과 하나가 툭 떨어졌다"에서는 한 생애의 마감을 암시하면서 동시에 '모과'의 추락은 '직박구리의 울음소리'를 대신하는 것이다. 그 '모과'는 썩어 있다. 모든 생은 익는 것이 아니고 썩어가고 있는 것임을 암시하고 있다. '썩음'은 새로운 생명의 모태인 것이다. '직박구리의 울음소리'가 존재의 표현이듯이 '썩음'도 존재의 양식인 것이다.

결국 한 생애는 '울음소리'에서 '추락'으로 '추락'에서 '썩음'으로 이어져 결국 "또 하나의 세상이/ 적막의 우주 속으로 걸어가"는 것이다. 소멸은 사라짐이 아니라 '또 하나의 세상'이 되어 우주를 이루는 것이다.

황영숙 시인의 소멸은 '無', '空'이 아니라 새로운 우주의 열림이다.

꽃잎을 떨어뜨린 저 벚나무 온몸이 벌겋게 충혈되었다.

너는 울고 있구나

무한천공으로 끝없이 보낸 편지도
흩어진 지금
나는 네가 울고 있다는 소식을
바람에게 전한다.

어떻게 네가 피어났는가를

어떻게 사랑하게 되었는가를
바람은 기억할 것이다.

울지 말고 눈물을 닦아라.

짧았지만 너의 사랑은 아름다웠다고
마지막 남은 봄빛이 푸른 잎을 틔운다.

잘 가라 내 사랑
잃어버린 분홍 머리핀이여
  – 「벚꽃을 위한 헌사」 전문

 시, 「벚꽃을 위한 헌사」 제목에 '헌사'가 들어 있다. '헌사'는 글자 그대로 누구에겐가 바치는 글이다. 그러므로 바치는 대상에 대한 예찬이 중심을 이룬다. 그런데 「벚꽃을 위한 헌사」는 벚꽃의 아름다움에 대한 예찬이 아니다. 오히려 벚꽃이 빚어내는 소멸의 비극성에 초점을 맞추고 있다.
 시, 「가을이 가고 있다」에서도 소멸에 대한 이미지가 '울음소리'로 나타나듯이 「벚꽃을 위한 헌사」도 "꽃잎을 떨어뜨린 저 벚나무 온몸이 벌겋게 충혈되었다.// 너는 울고 있"는 것이다.
 '울음'은 원초적인 의사 표현이다. 그러므로 울음에는

주체의 아픔, 슬픔, 노여움 등의 감성과 본능적 욕구 등이 복합적이면서도 그 간절함이 극한으로 녹아 있는 것이다. 그러므로 울음은 어떤 음성언어보다 호소력과 설득력을 가지고 있다.

이렇게 볼 때 "꽃잎을 떨어뜨린 저 벚나무 온몸이 벌겋게 충혈되었다."에서 '벌겋게 충혈되어 있는 벚나무'의 외양은 '꽃잎을 떨어뜨린' 벚나무가 울음소리를 삼킨 그래서 오히려 울음보다 더 간절한 울음의 의태擬態로 읽을 수 있다. 울음소리의 극단적 형태로 보아야 할 것이다.

'벌겋게 충혈된 온몸'으로 벚나무는 자신의 한 생, 즉 "어떻게 네가 피어났는가를/ 어떻게 사랑하게 되었는가"를 바람에게 호소하는 것이다. 시인은 "바람은 기억할 것이다."라고 하여 벚나무를 위로하고 있다.

여기에서 '꽃잎을 떨어뜨린 벚나무'는 詩的 自我의 변용이다. 결국 이 시는 '벚꽃을 위한 헌사'이면서 동시에 시적 자아인 '나'에게 주는 헌사다. 그래서 "짧았지만 너의 사랑은 아름다웠다고/ 마지막 남은 봄빛이 푸른 잎을 틔"우는 것을 보며 "잘 가라 내 사랑/ 잃어버린 분홍 머리핀이여"라고 '사랑'을 떠나보내는 것이다. 그러면서 "마지막 남은 봄빛이 푸른 잎을 틔"우는 것을 보는 것이다. 즉 다음 세계를 기다리는 것이다.

그리하여 그녀는 이곳으로 왔다.

시꺼먼 비닐봉지 몇 개가 침대 위에 놓이고 남루한
풍파를 견디며 걸어온 낡은 신발 대신 새로 산
슬리퍼가 침대 밑에 앉아 있다.

아직도 무수히 긴 이야기가 남아 있지만 모두 잊었다.

스스로 버리지 못했던 모든 것들도 사라져 갔다.

모든 것은 불문에 부쳐졌다.

이제 그녀를 통과해 간 시간은 전설도 역사도
되지 못한 채 빈 항아리처럼 뒹굴고 있다.

그러나 다만
물컹거리는 기억 속에서 헝클어진 머리칼을 감싸며
일어서는 이름 하나
아무도 불러주지 않아 사라진 이름
끝순이, 끝순이가 보고 싶다고 웃으며 울며 보채는

아, 지리멸렬한 삶이여

다시 그리움이 시작된, 다시 기다림이 시작된
지루하게 낡아가는 오두막집 하나
-「사라진 이름」전문

"내가 그의 이름을 불러주기 전에는/ 그는 다만/ 하나의 몸짓에 지나지 않았다"

인용한 부분은 김춘수 「꽃」의 첫째 연이다. 이 시에서 알 수 있듯이 '이름을 부른다'는 것은 '몸짓에 지나지 않는 존재'에서 상대의 정체성을 인식하는 것이고 주체와 관계가 설정되는 것이다. 이렇듯 인간의 이름은 단순한 호칭이 아니라 이름으로 불리는 사람의 정체성을 인식한다는 것이다.

유교적 사회 분위기에 젖었던 조선시대를 거치면서 현대에 오기까지 오랫동안 남존여비男尊女卑 가치관이 우리 사회를 지배해 왔다. 지금도 80대 후반 이상 연령층의 사람들은 이런 가치관에 익숙한 것이다. 특별한 경우를 제외하면 여성들은 결혼을 하면 이름으로 불리지 않는다. 다시 말하면 개인의 정체성이 사라지고 아내, 며느리, 어머니로 살아가게 된다.

시, 「사라진 이름」에서 이와 같은 여성의 삶을 그려내고 있다. 치매에 걸려 모든 것을 잊은 한 여성이 요양병원 침대에서 "이제 그녀를 통과해 간 시간은 전설도 역사도/ 되지 못한 채 빈 항아리처럼 뒹굴고 있"는 것이다.

그런데 "그러나 다만/ 물컹거리는 기억 속에서 헝클어진 머리칼을 감싸며/ 일어서는 이름 하나/ 아무도 불러주지 않아 사라진 이름/ 끝순이, 끝순이가 보고 싶다고 웃으며 울며 보채는" 것이다. 여기에 등장하는 '끝순이'는 타자가 아닌 치매에 걸려 오히려 되찾은 '그녀'의 '자아'인 것이다. '끝순'이라는 이름 자체가 제대로 인간으로서 존중받지 못한 성장 과정을 암시하고 있다. 그나마 결혼 이후에는 잃어버린 이름이었다. 그 이름의 자아가 처음이듯이 떠오르는 것이다.

  치매는 어린 시절로 모든 기억이 되돌아가는 증세이기도 하다. 그런 치매의 증상 덕분에 비록 '지리멸렬한 삶'이지만 본래의 나, '끝순'이 이름을 찾는 것이다.

  자아 회복에 대한 원초적이고 본능적인 욕구가 그녀의 마지막 삶을 지탱하며 "다시 그리움이 시작된, 다시 기다림이 시작된/ 지루하게 낡아가는 오두막집 하나"가 울고 있는 것이다. 울음은 존재의 원초적 표현이다. 새로운 삶에 대한 강렬한 욕구의 표현이기도 하다.

  이 시에서도 기억의 소멸은 새로운 세계를 지향하는 나아감의 몸짓이 '울고 있는' 것으로 나타나는 것이다. 여기서 '울고 있는' 것은 슬픔, 아픔이 아니라 자아 회복에 대한 간절함을 상징한다. 현재의 삶과 다른 자아의 본래 세계로 나아가는 몸짓이다.

2. 나를 찾아가는 시안詩眼

우리는 한 번도 마주친 적이 없다.

모르는 사이도 아는 사이도 아닌
가깝고도 먼 거리

언제나 뒷소문에 관심이 없는 나를
소리 없이 감당해 내고도
내색하지 않는다

매일 앞만 보고 걷는 나를 끊임없이
용서했을지도 모른다.

뱃구레에 가득히 쌓이는 욕망으로
내 다리와 팔이 휘청거릴 때도 너는
두려워하지 않았다.

보이지 않는 힘으로 나를 밀고 가는
길고 긴 묵언들

모든 것을 알고 있으면서도
결코 내 앞에 나서지 않는
완벽한 너의 침묵은 나를 지키는
든든한 믿음이 된다

-「등」전문

「등」에서 분열된 자아가 나타난다. 자아 분열은 하나의 자아 안에 두 자아가 공존하고 있을 때 일어난다. 이럴 때 공존의 양식은 두 자아의 관계가 대등관계, 아니면 어느 한쪽이 우월하고 다른 한쪽은 종속되는 관계 즉 주종관계로 나타나는 것이 일반적이다.

이런 의미에서 시, 「등」에 나타나는 두 자아의 존재 양식은 앞에서 말한 일반적인 자아 분열과는 다르다. 즉 '정면인 나'와 '또 다른 나'인 '등'은 '한 번도 마주친 적이 없'으면서 "모르는 사이도 아는 사이도 아닌/ 가깝고도 먼 거리"에 있는 관계다. 정면인 '나'가 의식하지 않는 존재인 또 다른 '나', 즉 '등'인 것이다. 정면인 '나'가 우월적 의식을 넘어 절대적인 존재다. 그래서 '등'을 의식하지 않고 "매일 앞만 보고" 걸어온 것이다. 그러다가 문득 앞으로만 나아갈 수 있었던 것은 "보이지 않는 힘으로 나를 밀고 가는/ 길고 긴 묵언들"이 있었기에 가능하다는 것을 깨친다. 즉 '나'가 여기까지 올 수 있었던 것은 '등'의 '보이지 않는 힘', '길고 긴 묵언'이 있었기에 가능했음을 깨친 것이다.

그 순간 앞만 보는 '나'와 '등'의 관계는 반전을 이루는 것이다. 다시 말하면 '완벽한 침묵'으로 '나를 밀고' 가는 '등'의 존재가 두려워지기 시작하는 것이다. '등'이 "나의 모든 것을 보고 있"기에 그 두려움은 극한에 이르는 것이다. '나'라는 존재가 '등' 앞에서 한없이 작아지는 것이다. '나'와 또 다른 나인 '등'의 관계가 역전되는 것이다.

황영숙 시인은 '등'의 힘, 정면인 '나'가 있기까지 보이지 않는 힘을 구체적으로 제시하고 있지 않지만 그 '보이지 않는 등'과 같은 '나'의 존재가 있음을 인식한 것이다. 자아 성찰의 결과로 '등'을 인식하게 되고 이런 인식은 곧 '참나'에 대한 탐구로 이어진다.

'참나'는 정면에 있다는 지금까지의 믿음이 무너지고 '등'에서 '참나'를 보기 시작한 것이다.

> 마침내
> 나는 당신에게 갑니다
>
> 아무도 오지 않는 자갈밭 풀숲에서
> 당신을 기다리는 일이 지루해졌어요.
> 햇빛 찬란한 저세상을 숨어서
>
> 지켜보는 일이 두려워졌어요.
> 아무 데서나 풀썩이는 귀뚜리와
> 가래침 같은 나의 몰골이 문득 초라해졌어요.
>
> 자갈밭에 뒹굴어도 이승이 낫다는
> 당신의 말씀이 꽃잎처럼 날아오릅니다.
>
> 걷지도 뛰지도 날지도 못하는 나는

>   수없는 자갈밭을 뒹굴어
>   당신에게 갑니다
>
>   첩첩이 먼 당신에게 가는 길은
>   아직도 아득합니다.
>
>   천 길 서러움의 길
>   이승의 나의 길은 하염없습니다.
>   　　　　　　　　　　－「달팽이의 길」 전문

　시, 「달팽이의 길」에서 시적 자아는 '달팽이'로 변용되어 나타난다. 그래서 '가래침 같은 나'인 것이다. 그 누군가가 뱉어버린 가래침 같은 존재인 '나'이지만 절대로 '나의 길' 앞에서 좌절하거나 포기하지 않는 끈질기면서도 악착같은 삶의 자세를 지닌 존재다. 그럴 수 있는 것은 "자갈밭에 뒹굴어도 이승이 낫다"는 '당신'의 말을 믿기 때문이다.

　시, 「달팽이의 길」에서 '당신'의 정체에 대한 구체적 언급은 없지만 '나'를 '가래침처럼 뱉어버'린 존재로 오버랩되고 있다. 동시에 "걷지도 뛰지도 날지도 못하는 나"의 삶의 지향점의 의인화이기도 한다. '걷지도 뛰지도 날지도' 못하는 '나'이기에 '당신'에게 가는 길은 "천 길 서러움의 길"이지만 "이승의 나의 길은 하염없"는 것이다.

　「달팽이의 길」에 나타나고 있는 '달팽이'에서 우리 시대의 대부분 사람들의 초상을 보는 것은 '당신'을 향하여 끈질기게 나아가지만 '당신' 즉 목적이나 본질에 대한 인식은 거의 없거나 막연하다는 점에서다.

현대인 삶의 현장은 '자갈밭'이지만 그 현실에서도 악착같이 살고 있다. 그렇지만 '무엇을 위하여', '무엇을 이루기 위해'와 같은 목적의식은 이 시에 나타나는 '당신'처럼 분명하지 않다. 맹목적으로 "첩첩이 먼 당신에게 가는 길"인 '나'의 삶의 길은 '천 길 서러움의 길'이며 '하염없는 길'이다. 있는 듯하면서 없고, 없는 듯하면서 있는 '당신'을 향하여 가는 것이 현대인의 인생행로가 아닐까.

이렇게 보면 시적 주체 '달팽이'의 길은 현대인 삶의 대유代喩인 것이다.

> 시를 쓰지 않는 낯선 하루가 지나갔다.
> 그리고
> 시를 쓸 수 없는 두려운 오늘은 다시 왔다.
>
> 멀리서 봄이 오고 있다는 소식이 들리지만
> 한 그릇에 오천 원 하는 국숫집엔
> 끼 때가 되어도 손님은 오지 않고
> 온종일 촛불과 태극기만 흔들린다.
>
> 한 무리의 등산객들이 우르르 국숫집을
> 들어오더니 산에서 꺾어온 노란 꽃을 앞에 두고
> 산수유다, 생강나무다, 핏대를 올린다.

〉
생강나무를 모르면 산수유가 되고
산수유를 모르면 생강나무가 되는
이 끝없는 이데올로기

태극기도 촛불도 들지 못한 나는
그냥 노란 꽃이라고 불러주고 싶다.

색깔도 꽃잎도 같아 보이는 저 꽃처럼
우리는 모두 한 민족 한 겨레다.

아직도 설렁한 찬바람을 맞으며
팔순의 어머니는 장을 담그고
어머니의 발밑에는
어린 새순이 돋아나고 있다.
-「산수유와 생강나무」 전문

  시,「산수유와 생강나무」는 시인의 시세계에서 좀 특이하다. 여기서 '특이하다'는 말은 황영숙 시인이 좀체 다루지 않는 이념적인 의식이 바탕에 깔려 있기에 하는 말이다.
  이 시의 첫째 연에 나타나는 현실은 시를 쓸 수 없는 세상이다.

시를 쓰지 않는 낯선 하루가 지나갔다.
그리고
시를 쓸 수 없는 두려운 오늘은 다시 왔다.

"시를 쓰지 않는 낯선 하루가 지나"갔으면 시인의 오늘은 시를 쓸 수 있어야 한다. 그런 일상이 이어지는 것이 정상이다. 그런데 "시를 쓸 수 없는 두려운 오늘은 다시" 온 것이다. 여기서 '오늘'은 '일상', '나날'의 구체적인 표현으로 읽어야 할 것이다. 그러면 하루, 이틀 정도만 시를 쓸 수 없는 날이 아니라 모든 날이 시를 쓸 수 없는 날이다. 그 무엇이 시를 쓸 수 없게 하는가. 시인이 마주치는 현실이다.

시를 쓸 수 없게 하는 시인의 현실은 어떤 일상일까. 시인은 직접 시에서 제시하고 있지 않지만 둘째 연 "멀리서 봄이 오고 있다는 소식이 들리지만/ 한 그릇에 오천 원 하는 국숫집엔/ 끼 때가 되어도 손님은 오지 않고"에서 암시받을 수는 있다. 즉 꽃 피는 '봄이 오고 있다는 소식'이 들리면 새로운 미래를 꿈꾸는 시간이어야 함에도 그러하지 못하고 국숫집에는 많은 손님으로 장사가 잘되어 미래를 꿈꾸는 나날이 되어야 함에도 현실은 그러하지 못한 것이다.

이런 날이 시를 쓸 수 없는 날이다. 다시 말하면 꿈꾸지 못하는, 꿈을 잃어버린 일상이다. 꿈꾸지 못하고 꿈을 잃은 일상은 인간다운 삶을 이룰 수 없는 것이다. 결국 인간다운 삶을 상실한 현실이 시가 죽은 사회인 것이다. 시인이 죽은 현실이다.

그런데 "한 무리의 등산객들이 우르르 국숫집을/ 들어오더니 산에서 꺾어온 노란 꽃을 앞에 두고/ 산수유다, 생강나무다, 핏대를 올리"는 것이다. 따지면 '산수유'를 모르는 사람은 '생강나무'라하고 '생강나무'를 모르는 사람은 '산수유'라고 주장하는 것이다. 본질은 '꽃'인데 형식에 지나지 않는 이름에 매달려 극단적으로 대립하는 것이다.

시인은 이런 현실을 이데올로기 대립으로 환치하고 있다. 우린 한때 '촛불'과 '태극기'로 나눠 극단적으로 대립했던 기억을 떠올려 준다. 사실 이념적 대립은 현재도 진행 중이다.

시인은 이런 이념적 대립의 현실에서 "태극기도 촛불도 들지 못한 나는/ 그냥 노란 꽃이라고 불러주고 싶다"고 했다. 다시 말해 태극기를 든 쪽이나 촛불을 든 쪽이나 '우리는 모두 한 민족 한 겨레'라는 본질을 외면하는 그들에게 깨우침을 주고 있다. 이념은 인간 삶의 질을 높이는 수단이어야 함에도 인간 삶이 이념에 봉사하는, 가치가 전도된 현실과 동시에 이념에 매몰되어 극단적으로 대립하는 양 진영에 일침을 가하고 있다.

  꽃이라는 본질이 이름이라는 형식에 묻혀버린 것이 우리 사회현상이다. 이념의 전쟁으로 정작 인간다운 꿈을 꿀 수 없게 하는 현실을 비판하고 있다.

    (삶이 그대를 속일지라도 슬퍼하거나 노하지 말라)

    시인 줄도 모르고 이발소 나무 의자에 앉아
    머리를 깎으며 보았던
    '삶'이라는 글자를 나는 읽지 못했다.
    겨우 초등학교에 입학한 어린아이가
    쓰고 읽기엔 너무 어려운 글자였다.

    푸른 유리 조각들이 무섭게 반짝이던
    '삶'이라는 글자를 알았을 때는
    좁은 어깨를 들썩이며
    나는 자주 웃거나 울었다.

    나는 이제 슬픔이나 분노는 삶이 거니는 모래밭이라고 적는다

    고통이나 슬픔을 습관처럼 껴안고
    어떤 곳에서도 답이 없는
    불투명한 삶을 두고
    시를 쓰는 밤

〉
멀리서 다시 또 새벽이 오고 있다.
삶이 오고 있다.

-「삶이」 전문

 황영숙 시인 세대의 유년 시절이면 이발소에서 "삶이 그대를 속일지라도 슬퍼하거나 노하지 말라"라는 푸시킨의 시를 무심코 읽은 기억이 있을 것이다.

 시, 「삶이」는 그 기억을 시의 제재로 하고 있다. "시인 줄도 모르고 이발소 나무 의자에 앉아/ 머리를 깎으며 보았던/ '삶'이라는 글자를 나는 읽지 못했"던 것이다. 즉 글자를 제대로 읽을 수 없는 어린 나이였고 어렴풋이 글자를 깨쳤더라도 '삶'이라는 글자는 쓰기에도 읽기에도 어려운 글자이기도 하다. 글자를 몰랐던 나이이기에 당연히 '삶'을 몰랐음을 암시하고 있다.

 그런데 어느덧 그 '삶'에는 '푸른 유리 조각들이 무섭게 반짝이'고 있는 것을 알게 된 것이다. '유리 조각'은 맑고 아름답고 반짝인다. 그러면서 언제나 상처를 줄 수 있는 날카로운 서슬이 있다. 그러한 '삶'을 알았을 때 시인은 "좁은 어깨를 들썩이며/ 나는 자주 웃거나 울었"던 것이다. 이발소에서 어렸을 때 읽은 '슬퍼하거나 노하지 말라'를 경험하는 것이다.

 시인은 "나는 이제 슬픔이나 분노는 삶이 거니는 모래

밭이라고 적는다"고 했다. 그리고 그 '삶'에는 답이 없음을 안다. 그렇지만 시인은 답이 없는 불투명한 삶이 주는 "고통이나 슬픔을 습관처럼 껴안고/ 어떤 곳에서도 답이 없는/ 불투명한 삶을 두고/ 시를 쓰는 밤"을 보내는 것이다.

  시인에게 '삶'은 이제 '슬픔과 노여움'의 대상이 아니라 시의 대상인 것이다. 현실이 직조하는 고통과 슬픔과 분노는 시인의 가슴을 지나면서 시로 나타나는 것이다. 그리하여 답 없는 삶의 답을 찾아가는 것이다.

> 잎을 잃어버린 온몸이
> 바짝 말라붙었다.
>
> 속도가 몰고 온 돌풍이 지나갈 때마다
> 부르르 떨며 더욱더 달라붙는 습성
>
> 버티는 거야, 말라비틀어져도 나는 살아 있어
>
> 푸른 손금을 찍으며 가파른 절벽을 올라오던
> 그들은 모두 무사한가?
>
> 한 방울 눈물 같은 마지막 습기마저 버리고
> 알몸으로 버티는 거친 삶이여
>
> 우리는 다시 손잡을 수 있을까?
>
> 다시 한번 절망의 벽을 넘을 수 있을까?

〉
　고속도로 방음벽에 실낱같이 붙어있는
　겨울 담쟁이

　　　　　　　　　　　　－「버티기」전문

　시,「버티기」에 나타나는 삶은 제목 그대로 버티는 것이다. 이때 '버티기'는 생활과는 다른 개념이다. 생활에는 삶의 주체가 삶을 개척하고 오늘과 내일의 삶을 설계하여 실천한다. 그래서 현재보다 나은 미래를 향한다. 꿈이 있는 삶이다. 그런데 버티는 삶은 오로지 생명을 지켜내고 현상 유지를 위해 모든 것을 바치는 것이다. 현재만 있고 미래가 없는 삶이 곧 '버티는 삶'인 것이다. 주어진 조건을 수용하고 그 안에서 생존하는 일이다.

　시인은 겨울 고속도로 방음벽을 타고 오르는 담쟁이에서 버티는 삶을 본 것이다. 겨울 담쟁이는 "잎을 잃어버린 온몸이/ 바짝 말라" 붙었다. 그런데 옆으로는 빠른 속도로 온갖 차들이 달려간다. 그 "속도가 몰고 온 돌풍이" 일어나면 담쟁이는 "부르르 떨며 더욱더 달라붙는 습성"으로 "버티는 거야, 말라비틀어져도 나는 살아 있어"라며 '살아 있음'에 만족하는 것이다. 이런 삶은 노여움도 슬픔도 메말라 버린 삶이다. "한 방울 눈물 같은 마지막 습기마저 버리고/ 알몸으로 버티는 거친 삶"인 것이다.

　시인은 고속도로의 방음벽에 붙어있는 겨울 담쟁이를

통해 방음벽에 붙어있는 '겨울 담쟁이'에 대한 배려가 없는, 자신들의 삶을 위해 오로지 앞만 보고 고속으로 달려만 가는, 현대인들의 비인간성을 드러내고 있다. 동시에 현대문명의 반인간화를 비판하고 있는 것이다.

걷는다, 뛴다.

어디로 가는 것인가?

이정표가 없는 길은 끝없이 나타난다.

보이는 것은 벽, 벽뿐이다.

벽을 향해 끊임없이 뛰고 걷지만
여전히 벽을 극복하지 못하고
갇혀 있는 행보

그러나 멈출 수 없다.

이곳에 길이 있으므로

꽃잎 날리는 화려한 가로수 길도 아니고
그대와 걷는 호젓한 오솔길도 아닌

벽이 나를 보고 내가 벽을 보고 달리는 길

〉
나의 러닝머신이여

이 절대 고독의 길 위에서
나는 멈출 수 없다.

- 「벽을 향하여」 전문

　살아있는 동안 인간은 끊임없이 삶의 길 위에서 걷는다. 한때는 여럿이 함께 걷기도 한다. 그리고 목적이 있다. 그 목적을 정해 놓고 걷는다. 그런데 어느 순간, 혼자 걷는다. 그리고 목적도 없다. 정확히 말하면 목적이 있는 듯하지만 불분명하기도 하거니와 설사 그 목적이 분명하다고 해도 목적에는 다다를 수 없는 여정이다. 왜냐하면 넘어갈 수 없는 벽이 가로막고 있기 때문이다. 이쯤 되면 인간 삶의 길은 러닝머신 위에서 걷는 것과 다를 바 없다.

　시, 「벽을 향하여」는 삶의 길을 러닝머신 걷기로 변용하고 있다. 삶의 길은 어느 순간부터 방향도 목적도 없어지고 오직 걷는 그 자체만 남는다.

　"이정표가 없는 길은 끝없이 나타나"고 "보이는 것은 벽, 벽뿐"인 것이다. 아무리 걸어도 벽은 넘을 수 없다. 단지 "벽이 나를 보고 내가 벽을 보고 달리는 길"이 삶인 것이다.

　인간의 이런 삶의 길은 '절대 고독의 길'인 것이다. 그리고 외길이다. 반복되는 길이기도 하다. 그러므로 그 누구

와도 함께할 수 없고 '멈출 수' 없는 길이기도 하다. 절대 고독의 존재가 러닝머신을 걷는 것이다. 그것이 인간 삶의 길이다.

>오늘도 벽걸이 TV에서는 하루 종일
>포탄 소리가 요란하다.
>
>슬픔이 슬픔을 껴안고 몸부림치고
>살아있는 사람이 죽은 사람에게
>살려 달라고 매달리고 있다.
>
>이 지옥의 시간을 건너가면
>그곳은 어디일까?
>
>진화에 진화를 거듭해 온 우리는
>정녕 인간의 모습을 잊어버린 것인가?
>
>내 책갈피에 숨어있는
>네잎클로버도 새파랗게 살아 있는데
>내가 키우는 채송화도 아직 피고
>구절초도 환하게 웃어 주는데
>
>어떤 비극도 어떤 슬픔도
>꽃이 되는 세상을
>만날 수는 없을까?

〉
아,
눈물도 말라버린 그 누가
울지 않아도 목이 메인 그 누가

물끄러미 세상을 내려다본다.
- 「꽃이 되는 세상」 전문

시인은 우리가 발 딛고 있는 현실이 늘 꽃의 세상이 되길 꿈꾼다. 그러나 TV를 통해 전해지는 현실은 대립과 갈등의 세상이다. "슬픔이 슬픔을 껴안고 몸부림치고/ 살아 있는 사람이 죽은 사람에게/ 살려 달라고 매달리고 있"는 아귀다툼의 시간이다.

현실이 이러함에도 "내 책갈피에 숨어있는/ 네잎클로버도 새파랗게 살아 있는데/ 내가 키우는 채송화도 아직 피고/ 구절초도 환하게 웃어 주는" 그런 세상에 대한 꿈을 잃지 않고 있다. 그러나 현실을 '꽃의 세상'으로 만들기 위해서 적극적이고 능동적인 노력을 할 수 없음을 스스로 알고 "물끄러미 세상을 내려다"보는 수밖에 없다.

3. 꽃에서 상처를 보다

목련이 지고 나니
세상이 텅 비었다.

〉
봄이 봄 같지 않은 것들은
끼리끼리 모여 키득거리며 손뼉 친다.

아우성처럼 다시 피어나는 꽃들의 축제

무성 영화처럼 흩날리는 봄날의 시간

너무 일찍 떠난 영혼들의 독백처럼
봄이 흐른다.

시간의 뒤쪽은 대부분 움막처럼 낡아
지나가다 잠시 뒤적여 보는 것

만나고 싶던 사람을 우연히 만난 것처럼
잠시 손잡아 주고 떠난
목련의 시간

잡으려 해도 잡히지 않는
아지랑이만 남아 있는 봄날의 한쪽이
텅 비어 있다.

- 「목련의 시간」 전문

 시, 「목련의 시간」은 '목련이 지고 난 다음의 시간'을 노래하고 있다. 시에서 '목련'은 '봄', 혹은 '봄날'의 대유다. '목련'을 통해 봄을 느끼고 목련이 지면 봄이 간 것을 안다. 꽃의 시간은 짧다. 그만큼 봄은 짧다.

"너무 일찍 떠난 영혼들의 독백처럼/ 봄이 흐"르는 것이다. 인생의 봄도 아주 짧은 것이다. 그 봄은 "만나고 싶던 사람을 우연히 만난 것처럼/ 잠시 손잡아 주고 떠난/ 목련의 시간"처럼 순식간이다. 목련이 지고 나면 "잡으려 해도 잡히지 않는/ 아지랑이만 남아 있는 봄날의 한쪽이/ 텅 비어 있"는 것이다.

시, 「목련의 시간」에 시인은 목련이 피어 있는 봄날의 밝고 향기롭고 아름다운 봄을 목련에서 보는 것이 아니라 목련이 지고 난 다음의 '한쪽이 텅 비어 있는' 봄날을 보는 것이다. 인생의 허무함을 짧은 목련의 시간에 투영하고 있다.

그를 두고 혼자 왔다고

쓰러져 가는 돌담 밑에서

모란이 피고 있다.

견딜 수 없었던 형벌처럼

붉게 타오르는 상처의 봄날

사랑이 이토록 참혹하게 붉은 이유를

끝내 말하지 않은 채

모란이 지고 있다.

– 「결별」 전문

시, 「결별」에서는 이별의 아픔을 '모란'에 이입하고 있다. "그를 두고 혼자 왔다고// 쓰러져 가는 돌담 밑에서// 모란이 피고 있"는 것이다. 이때 '모란'은 이별이 주는 아픔과 그 아픔에 비례하는 사랑의 아름다움을 복합적으로 암시하고 있다. 동시에 '쓰러져 가는 돌담'은 시적 자아를 상징하고 있다.

붉게 타오르는 상처처럼 붉게 피어나는 모란에게 "사랑이 이토록 참혹하게 붉은 이유를" 끊임없이 묻지만 모란은 끝내 말하지 않고 져 버리는 것이다. 이별의 내출혈이 붉은 모란으로 시각화되어 나타난다.

몸속 어딘가에 뿌리내린
완전한 사랑의 상처
그 상처의 뿌리를 물속 심연의
어느 부위에 내려놓아야만
저리 아름다울 수 있는가?

온몸으로 절정의 수련을
올려놓은 호수는
꿈꾸듯 고요하다.

- 「수련」 부문

시, 「수련」에서도 꽃의 아름다움은 '상처'가 뿌리였기 때문이라고 했다. 결국 황영숙 시인의 시선은 드러난 아름다움을 보는 것이 아니라 아름다움을 낳고 키우고 가꾸는 숨겨진 상처를 보고 있다.

 황영숙 시인은 시적 대상과 일정한 거리를 지키고 있다. 시적 대상과 치열한 갈등 구조를 만든다든지 시적 대상 자체를 직접 분석, 해석한다든지 하는 경우는 거의 없다.
 시,「수련」마지막 연, "온몸으로 절정의 수련을／ 올려놓은 호수는／ 꿈꾸듯 고요하다"에서 나타나는 '호수'의 자세로 관조하는 것이다. 그러면서 매편의 시에서 시적 대상이 가진 '절정의 순간'을 놓치지 않고 보는 깊고 맑은 詩眼을 가지고 있다. 그 절정의 순간을 시인 특유의 은근하면서 깊이 있는 언어 구사로 읽는 이의 가슴을 적셔준다. 그래서 황영숙 시인의 시가 주는 감동의 깊이와 폭은 읽는 이의 가슴에 긴 여운으로 남는 것이다.
 황영숙 시인의 시집,『깊어가는 시간』을 펼치면 '깊어가는 시간'을 누릴 수 있을 것이다.